Usborne
First Sticker Book
Easy Spanish Words

Illustrated by Francesca Gambatesa

Designed by Francesca Allen and Kasia Dudziuk
Edited by Felicity Brooks and Mairi Mackinnon
Spanish language consultant:
Valeria Luna

el perro	el gato	el ratón
dog	cat	mouse

How to use this book

In the middle of this book, you can find word stickers
to match with the words on the picture pages. There are
also blank stickers for you to write on and make
some of your own labels, if you want.

Animals

Animals

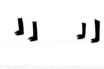

la vaca

la oveja

la jirafa

el pájaro

el ratón

el zorro

el pato

el elefante

el hipopótamo

el perro

la serpiente

el mono

la abeja

el tigre

el gato

la cabra

la gallina

el caballo

la lagartija

el cocodrilo

Mi cuerpo

My body

la cara

la oreja

la nariz

la boca

el ojo

el pelo

el brazo

el pie

la pierna

la mano

Mi ropa
My clothes

el cinturón

los guantes

la bufanda

el reloj

el gorro

el vestido

la falda

las mallas

los calcetines

la chamarra

los pantalones

los zapatos

el suéter

la camiseta

Familia y amigos

Family and friends

Mamá

Papá

el hermano

la hija

la hermana

el abuelito

el hijo

la abuelita

el bebé

la amiga

las mascotas

el tío

la tía

la prima

los papás

la familia

yo

La comida

Food

el plátano

el pan

el jugo

Ñam ñam

el queso

la galleta

el tomate

la leche

la naranja

la pasta

el huevo

la pizza

el agua

la manzana

8

Los animales (pages 2 and 3)
Animals

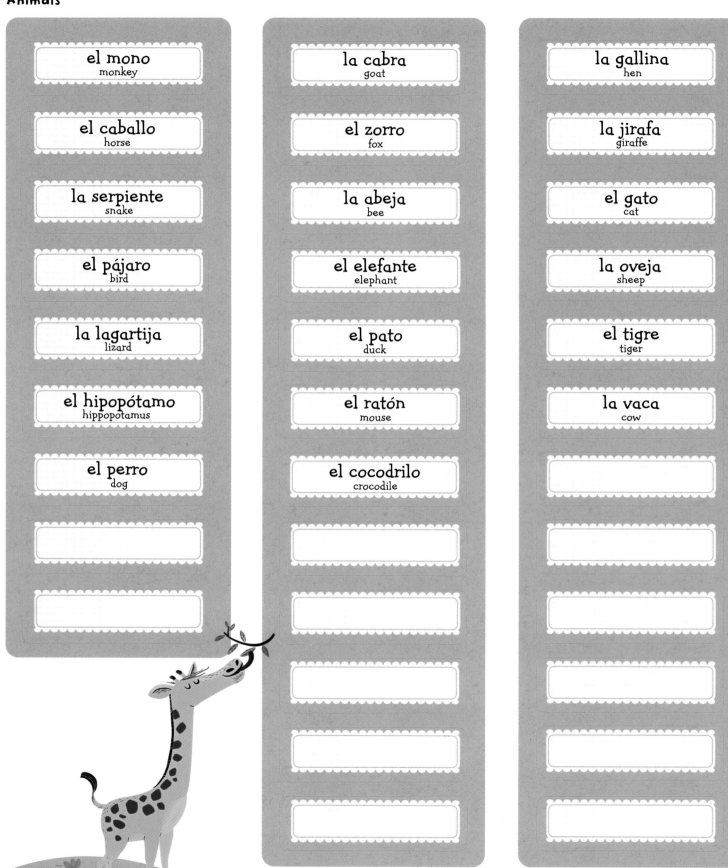

el mono monkey	la cabra goat	la gallina hen
el caballo horse	el zorro fox	la jirafa giraffe
la serpiente snake	la abeja bee	el gato cat
el pájaro bird	el elefante elephant	la oveja sheep
la lagartija lizard	el pato duck	el tigre tiger
el hipopótamo hippopotamus	el ratón mouse	la vaca cow
el perro dog	el cocodrilo crocodile	

Mi cuerpo (page 4)
My body

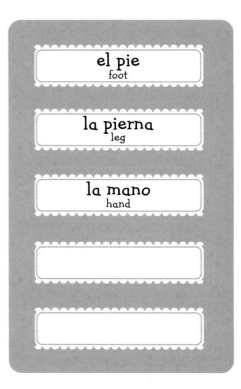

la boca — mouth	la oreja — ear	el pie — foot
el ojo — eye	la nariz — nose	la pierna — leg
el brazo — arm	el pelo — hair	la mano — hand
la cara — face		

Mi ropa (page 5)
My clothes

el gorro — hat	los zapatos — shoes	los pantalones — pants
los guantes — gloves	las mallas — tights	el vestido — dress
el suéter — sweater	el cinturón — belt	el reloj — watch
la chamarra — jacket	los calcetines — socks	la bufanda — scarf
la camiseta — t-shirt	la falda — skirt	

Familia y amigos (pages 6 and 7)
Family and friends

la hija
daughter

Papá
Dad

la amiga
friend (girl)

la hermana
sister

el hijo
son

Mamá
Mom

el abuelito
grandfather

la prima
(girl) cousin

la abuelita
grandmother

la familia
family

el bebé
baby

la tía
aunt

el hermano
brother

las mascotas
pets

yo
me

los papás
parents

el tío
uncle

La Comida (page 8)
Food

la galleta
cookie

el huevo
egg

la pizza
pizza

la manzana
apple

el queso
cheese

la leche
milk

el agua
water

el pan
bread

el jugo
juice

el plátano
banana

la pasta
pasta

la naranja
orange

el tomate
tomato

En la playa (page 9)
At the beach

la bolsa
bag

la conchita
shell

el cangrejo
crab

el niño
boy

la pelota
ball

la red
net

la roca
rock

el mar
sea

la arena
sand

la niña
girl

el bote
boat

En casa (pages 10 and 11)
At home

la puerta door	**el cuadro** picture	**el escusado** toilet
los juguetes toys	**el libro** book	**el banquito** stool
la radio radio	**la computadora** computer	**el florero** vase
la mesa table	**la cama** bed	**las cortinas** curtains
el reloj clock	**el espejo** mirror	**el tapete** rug
el teléfono telephone	**la planta** plant	**la silla** chair
el sofá sofa	**el lavabo** sink	**el escritorio** desk
la lámpara lamp	**la televisión** television	**el estante** shelf

En la ciudad (pages 12 and 13)
In the town

la nube cloud	el camión truck	la bicicleta bicycle
el café café	el tren train	el carro car
el autobús bus	el avión plane	la escuela school
la tienda shop	el árbol tree	la parada de autobús bus stop
el taxi taxi	el puente bridge	el helicóptero helicopter

Haciendo cosas (pages 14 and 15)

Doing things

tomar
take

lanzar
throw

hablar
talk

correr
run

saltar
jump

querer
love

empujar
push

nadar
swim

leer
read

cachar
catch

jugar
play

jalar
pull

escribir
write

encontrar
find

comer
eat

divertirse
have fun

beber
drink

cantar
sing

sentarse
sit down

dar
give

page 16)

blanco white	**café** brown	**anaranjado** orange
azul blue	**negro** black	**morado** purple
rosa pink	**rojo** red	**verde** green
amarillo yellow		

dos two	**siete** seven	**nueve** nine
cinco five	**tres** three	**ocho** eight
uno one	**diez** ten	**cuatro** four
seis six		

En la playa

At the beach

el mar

el bote

la arena

la red

la conchita

el niño

la niña

el cangrejo

la pelota

la bolsa

la roca

En casa

At home

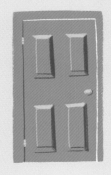

la puerta

el reloj

la computadora

el estante

el sofá

la silla

el banquito

el tapete

los juguetes

el teléfono

el escritorio

la lámpara

la mesa

el florero

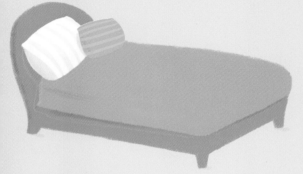

la cama

el espejo

el escusado

la televisión

la planta

las cortinas

el lavabo

el cuadro

la radio

el libro

En la ciudad
In the town

el helicóptero

el taxi

el tren

la tienda

la nube

el camión

el puente

el café

el avión

el carro

la escuela

12

el autobús

la parada de autobús

la bicicleta

el árbol

Escuela Puenteseco

13

Haciendo cosas

Doing things

nadar

hablar

comer

jugar

cantar

saltar

beber

jalar

divertirse

empujar

querer

encontrar

correr

escribir

lanzar

cachar

sentarse

leer

dar

tomar

rosa

blanco

morado

rojo

café

amarillo

azul

anaranjado

negro

verde

1   uno

2   dos

3   tres

4   cuatro

5   cinco

6   seis

7   siete

8   ocho

9   nueve

10   diez